만인시인선 · 28

언더그라운드

김현옥 시집

언더그라운드

만인사

자서

너의 돌연한 부름에 詩여, 나는 맨발로 집을 나섰다. 너의 돌연한 부름에 詩여, 나는 아득한 너에게로 망명하고 싶었다. 너의 가슴에 상처의 닻을 내리고 떠돌던 청춘과 갈 곳 없던 쓸쓸함을 너에게 묻고 싶었다. 詩여, 그러나 너는 돌연한 부름만 비석처럼 남기고 너에게 이르는 길엔 안개만 부려 놓았구나.

그리고 내게 남은 건
내 청춘의 무덤과
너의 아득한 목소리
짓무른 맨발과
노래하는 빈손

차 례

차 례

2

차 례

3

4

차 례

5

차 례

1

연인

네 가슴의 서늘한 건반 위에서
재즈의 손가락으로 불꽃처럼
춤추고 싶어, 즉흥적으로

애초에 너는
그리움과 기다림으로
단련된 손가락들의 연인

너의 단아한 흑과 백의 삶을
재즈의 춤추는 손가락으로 어루만져
연주하고 싶어, 총천연색의 음악

부메랑

던져 봐
날
아무리 멀리
네 힘껏

이제는 도망갈 데가 없다는 거
혹, 도망가 봤자 이내 네가 그리워질 거라는 거
알면서도 모르는 척하는 너,
어디 얼마든지 던져 봐, 날

난 잠시 흔적도 없는 길 한 바퀴 휘이 돌다
네가 던진 힘만큼 팔팔하게 돌아갈 테니
배반과 위로인 너에게로
너, 나의 아름다운 지옥, 빈집

나는 헛것이었네

무수한 미망이 내 머리를 다녀갔네
무수한 비탄이 내 입을 다녀갔네
무수한 환상이 내 가슴을 다녀갔네
무수한 욕망이 내 위장을 다녀갔네
무수한 허무가 내 항문을 다녀갔네
무수한 허방이 내 발을 다녀갔네

아으, 무수한 헛것들이 나를 다녀갔네
오! 나는 헛것이었네
헛것에게 한눈 팔며 청춘을 탕진했네

변주

나날은 똑같은 레퍼토리의 변주일 뿐이네 때로는 악보 안에서 심드렁하게 때로는 악보 밖에서 즉흥적으로 그러나 대부분 매너리즘의 안전한 표절, 도무지 녹음해 놓고 싶은 곡이 없네 그러나 멈출 수 없는 생의 연주, 멈출 수 없으니 어쩌겠나 표정 없는 악보에다 웃음 음표나 대량으로 팍팍! 찍어 넣어 볼까나?

내 마음의 활이 육신의 현을 켜는 소울
내 생의 활이 그대 생의 현을 켜는 블루스쯤의
청명한 변주, 어떤가
시린 가슴 속으로 하루의 두레박 내려
퍼올리고 싶네 시들지 않는 변주
아하, 그런 꿈 한 송이
나날의 페달을 싱싱하게 밟고 가네

기억하게, 변주엔
높은 산봉우리와 깊은 협곡도
훌륭한 테크닉이지만

음표와 음표 사이의 여백에다
바다의 넓깊은 침묵과
하늘의 여여한 마음과
나무의 창창한 기다림을 깔아 놓으면
사소한 물소리 바람소리도
잎 지는 소리 꽃 피어나는 소리도
음표의 안테나엔 다 잡힌다네

Bittersweet

비틀과 스위트가 한 몸이란 걸
한밤중, 적막에 관통된 마음, 비틀대며
그리운 시에게로 가는 길 위에서
포도주 한 잔이 가르쳐 주었네

어둠과 빛 사이에서
벽으로 버팅기던 시절이 있었네
난 비틀, 세상은 스위트

비틀비틀 쓰디쓰게 生을 들이켰네
쓴맛에 취해 시를 토했네
그 토사물, 오믈렛의 달걀처럼
어둠에 볶아진 내 청춘을 덮었네

포도주 한 잔 걸치고
비틀비틀 달디달게
비틀스위트한 시 한 대 피우네

검은 고요

그녀는 고요했다, 뿌리 뽑힌 채, 과자봉지 같이 알록달록 맛있게 보이는 사람들 사이에서, 덜 읽은 밀란 쿤데라의 『불멸』을 옆구리에 낀 채, 검은 옷을 입고, 어줍잖게, 그들의 지루한(그러나 그들에겐 참으로 심각한!) 뉴스들을 귀 속으로(말의 박테리아들이 귀지를 엄청나게 생산해내는 이상한 귓병을 그녀는 몇 년째 앓아 오고 있다 밤마다 그녀는 귀를 쑤셔대며 귀지를 파낸다 의사는 박테리아의 뿌리가 깊다고 했다 열심히 약도 복용했으나 별 소용없이, 대책없이, 지저분한 그녀의) 쓸어 넣으며, 눈은 항상 무심한 산의 옆얼굴 위에 걸어 놓은 채, 그녀는 고요하지만 거룩하지 못한 밤

머릿속으론 천둥 치고 심장에 번갯불 내려 꽂혀도 그녀는 고요했다 바람 한 점 초대하지 않은 채 고장난 수화기 옆에서 정적으로 어두워져 갔다—심심하지 않니? 게걸스런 눈초리들은 자주 그렇게 물으며 그녀의 변하지 않는 검은 옷을 한심해 했다—넌 죽음의 포로야 아무도 널 기억하지 못할 걸? 그들이 기억해주건

말건 다만 그녀는 말없음표 속에 포로수용소의 나날들을 새겨넣고 싶었을 뿐 아무도 증거해 줄 수 없는 그녀의 검은 고요, 그녀는 그것에 꿈의 이스트를 넣고 매일 반죽을 해대는 포로일 뿐 잘 구워진 삶의 빵은 그녀의 일용할 양식이 아니었다 그녀는 마른 빵껍질 같은 그들을 소화시키지 못해 언제나 트림으로 꾸르륵댔다 (결국은 서로서로 소화불량인 세상이긴 하지만!) 그럴 때마다 그들 사이에 끼여 있는 그녀의 체적은 잉여적인 것에 불과했고 잉여의 실종은 전혀 기억할 만한 것이 아니었다 그녀의 슬픔이 삼킬 수 없을 만큼 딱딱해지면 그녀는 눈초리들 사이에서 실종해버리곤 했다 일종의 슬픔의 자폐증? 아마!

그녀는 아다지오로 내려간다
무인도 같은 음악의 지하도
사방이 거울인, 한 발 내리면
목젖부터 뜨거워져 오는
따스한 슬픔의 태반……
한 컵의 투명한 음악 속에
각설탕처럼 녹는 적막
그녀는 풀어진다
그녀의 슬픔이 새떼처럼 날아올라

이름 모를 별자리로 빛나는
행복한 꿈 속으로

그들은 모른다, 적막이 스며 들어가 누울 한 뼘의 공터도 남겨 두지 않은, 언제나 프레스토로 행복할 뿐인 그들은, 그녀의 가슴 속에 폭풍의 언덕이 있다는 걸 모른다, 모른들 무슨 상관?

상관 없었다, 그녀는 애초에 맞지 않는 젓가락들을 세워 억지로 맞는 젓가락을 찾아볼 힘이 없었으므로 다만, 그녀는 불행했지만 아름다웠던 일생들에 밑줄을 긋는다

빈 의자

꿈속에서빈의자를들고바람의발자국소리에귀기울이고있는나를보았다나는거대한구멍,너는알고있었다너는결국나를빠져달아날바람이라는걸내구멍의얼굴이숨길수없는네안켜의얼굴이라는것까지,그때내순결한손가락들은왜몰랐을까바람의얼굴은지문속에숨겨두면안된다는것을,한때의아름다웠던너의얼굴까지버리고구멍과구멍사이에서기억의숨을곳을찾아참을수없이가볍게두리번거리는너의초상이걸려있는긴꿈의터널,빈의자와귀가어둠속에서비명질렀던

꿈에서 깨어나 허기진 나는 뜨거운 감자를 먹고 있었다 미망인 너를 먹고 너를 배설하는 生, 나는 공복처럼 빈 의자의 하루들을 위하여 너를 내 생의 식탁 위에 올린다 너는 기꺼이 내 슬픔의 위장을 채워 주지만 너는 또 기어코 내게서 똥이 되어 비워진다 너는 내게 찰나의 뜨거움과 길고 긴 서늘함

(내 생의 혓바닥이 뜨거운 꿈에 데여
아무 말도 할 수 없고
아무 것도 먹을 수 없었던
벽 속의 하루는 일생처럼 길었다
사라진 너의 뻰뻰한 엉덩이나 반추하는
지루한 빈 의자의 일생처럼)

숨은 꽃

얼어붙은 표정의 현, 활, 손가락,의 실핏줄들
비로소 환하게 열리며 타오르는
마음의 江으로 흐르지 않는다면
그 작은 악기 속에 숨어 있는 그대
바람의 푸른 길 알지 못하리
햇빛 사이로 촘촘히 드러나는 그 길로
떨리는 실핏줄들 화창하게 흘러가지 않으면
그대, 소문의 길섶에나 피어 있으리

한번 흘러간 나의 목마름
되돌아 나올 수 없네
그대의 향기 밖으로

바람의 푸른 길 위
폭포처럼 온몸으로 물결쳐 내리다
저녁강의 처연함으로 가라앉는
아흐, 내 그리움의 음표들

내 마음의 악보를 따라 가리
가만히 저 홀로 絶對音 속에 피어 있을
숨어 있어 시들지 않는 그대
낯설게 설레이며 더듬어 가는 길 위로
싱싱한 햇빛들 켜켜이 일어나
겹겹의 꽃잎으로 출렁일
아름다운 그대, 숨은 꽃 찾아

핑크 플로이드를 산책하다

(내가 막무가내 고독한 벽이었을 때
어느 날 나를 여는 주문이었던
핑크 플로이드의 노래들)

1. Hey You
나를 부르는 당신 목소리에
내 속에 숨어 잠든 사랑
화들짝 수천의 꽃잎 열자마자
한순간 바람에 화르르 지고 말아

2. Is There Anybody Out There?
내 고독의 문밖에
거기, 누구?

3. Nobody Home
그러나 내 고독의 집은
얼음의 도가니
너무 춥거나 너무 뜨거워
아무도 초대할 수 없네

4. Vera

고독의 벽을 타고 오르는
그리움의 덩굴손, 그러나
당신, 아무 데도 없는, 그러나
당신, 언제나 나를 부르는

5. Bring The Boys Back Home

당신 목소리 따라
집 나간 마음,
어느 거리의 가로등으로 서서
당신의 귀가를 기다리고 있는가

6. Comfortably Numb

고독의 태반에 태아처럼 웅크리고
나, 어떤 꿈으로 연명했나
혹은 죽은 체하며, 어떤 平和水로
내 몸을 닦았던가

7. The Show Must Go On
삶은 쇼처럼 계속되고
쇼를 뭉갤 힘도 없는 거리의 엑스트라들
왜 쇼보다 더 우스꽝스러운 삶이
나의, 당신의, 밥줄이어야 하는가

8. In The Flesh
그래도 나, 아직도 살아 있어
노래가 내 속을 빛살처럼 헤엄쳐 다니는가
내가 노래 속으로 꽃잎처럼 나부끼는가

9. Run Like Hell
미친 듯 달려가면, 나의 노래,
당신 가슴 속 별에 가 닿을까?

10. Waiting For The Worms
그 고요하고 따스한 별에서
그레고르 잠자**나 되어 볼까,
한 천년쯤?

11. Stop
천년 동안의 고독에 절여지면
피고 지는 윤회가 그치려나

12. The Trial

노래의 풀씨가 날아들면
내 속의 정원에도
노래의 풀꽃들 만발할까?
한번 진 사랑도
다시 필까?

13. Outside The Wall

나를 노크하는
노래의 섬세한 손을 잡고
벽 밖으로 산책 나가
그때 나는 어떤 당신의 하늘을 만났더라?

(벽이 길이 되어
달빛으로 흘러내리는 노래!)

---

*번호가 붙여진 소제목은 핑크 플로이드의 CD에 들어 있는 노래를 차례로 배열한 것임.

**카프카의 『변신』에 나오는 주인공

마흔

마흔 살이 되면 사람은 자신의 한 부분이 소멸되는 것을 용납한다. 다만 다 쓰지 못한 이 모든 사랑이 나로서는 감당할 힘이 없는 한 작품을 일으켜 세워 빛나게 해주기를 하늘에 빌 뿐.

— 까뮈 『작가수첩Ⅲ』 중에서

이 땅을 떠나 마흔을 맞이했네
인도의 햇빛과 나무와 새가
나의 갓 태어난 마흔에게 입맞춤했네
나의 마흔은 튼실한 고독의 要塞,
寂滅에게 정복당할 틈새를 보이고 싶은!

허무의정수리를내리치는칼날이
허무를연주하는악기가될수있을까,마흔엔?
글쎄……자꾸極과極이쌍피붙어그게그거혹은오십보백보
글쎄……길은가면갈수록五里霧中,온길마저꿈길같은데

不惑과迷惑은홀레붙어컥컥대며진땀흘리고
아무튼惑과惑은속궁합이맞는지날새는줄모르고
글쎄……마흔은속이타는지생맥주만크윽캬악들이키네

언제 길을 삼킨 안개 걷히고
천방지축 날뛰는 惑을 떼어버릴까?
언제 햇빛과 나무와 새처럼
천년의 노래로 아름다운 生에 내려앉을까?

언더그라운드

세상의 조명 할애받지 못해도
황홀한 술처럼 자신의 노래를 마셔주는
아름다운 귀들에게 뜨거운 서늘함
흘러 넘치게 하는 언더그라운드
다만 노래가 좋아, 노래로만 치솟는
순결한 생, 누가 마셔도 가슴 홍건해지는
노래의 언더그라운드
그 무소의 뿔이, 나는 좋다

세상의 지면 할당받지 못해도
황홀한 꽃다발처럼 자신의 시를 받아 안는
아름다운 가슴들에게 어둠 속의 빛을
청아하게 수놓는 언더그라운드
다만 시가 좋아, 시로만 피어 있는
소박한 생, 누가 품어도 가슴 따스해지는
시의 언더그라운드
그 들꽃의 향기가, 나는 좋다

고해성사

눈이있어도보지못하고귀가있어도듣지못하고입이있다고처먹기만했으니나는한덩이똥이었나이다神이시여.

똥이 똥을 구원할 수 있나이까
내가 구더기의 밥이라도 된다면
구더기는 나를 구원하나이까
나를 흔적 없이 먹어 치우고
날개 단 세상으로 가는 구더기의
달디단 밥이라도 된다면
나는 어디론가 갈 수 있겠나이까

딴세상이아니라이세상이라도보고들으라하시나이까당신이내어주신숙제다하고나면들끓는똥한덩이,저물녘강속으로가라앉은산그림자처럼고요해지겠나이까

삼월의 허공에 느닷없이

바람의 격정적인 선율에 몸 맡긴
짧은 음표처럼 그려지는 눈발
지상에 가뿐하게 내려앉지 못하고
허공을 배회하는 우울한 영혼
우우우우우우우우우우우
추억을 화장한 뼛가루

삼월의 허공에 느닷없이
흩뿌려진 음악,
허공에 미친 듯이 나부꼈던
청춘의 레퀴엠

2

고요한 노래

세상에게 아무 할 말 없어진 그녀
무덤 같은 세월을 덮고
검은 고요를 베고 눕네

헌 옷 같은 생이 저물고
꿈에서 깨어난 생, 새벽길 나서네
길섶마다 고요히 피어나는 노래
무섭지 않네, 날 선 세상의 길들

그녀의 갓 태어난 마음
깊고 푸른 사랑으로 방생하고
그녀, 한 줄기 고요한 노래의 길이 되어
세상을 열고 투명하게 흘러가네

마음이 요가를 한다

마음이 요가를 한다
스트레칭으로 쭉쭉 늘리고 구부리고 비튼다
(통증이가는곳에의식을집중하시고지켜보세요!)

온탕에 들어가면 몸이 처음엔 화들짝 뜨거움에 질리다가 차츰 조금씩, 나중엔 완전히, 물과 몸이 사이좋게 풀어지는 것처럼 고통도 어둠도 마음에 익어지면 마음의 시력은 조금씩, 혹은 확! 밝아진다 환해진 마음, 송장 자세로 마음이란 마음 모두 벗고 물처럼 이완한다 마음이 휴식의 바다로 흘러간다

요가를 하고 나면
마음의 키와 용적은 커져 있고
무게는 가뿐하게 줄어든다

허공의 사랑

내 가슴이 허공이 되면
나는 비로소 너의 모든 것을 껴안으리라
너의 허공까지도
그 때, 나는 너에게 사랑을 고백하리라
허공의 가슴으로
허공의 사랑법으로

사랑의 고백마저 허공으로 사라질 때
허공의 사랑은 완성될지니

내 마음의 그릇

내생이말라빠진개떡처럼그누구의구미도당기지않는것이었을때나는내마음의그릇이고것밖에되지못했음을깨닫지못했다깨닫지못했으니운명탓이나하며단식했다그어떤생에도숟가락걸치지않으며허송세월뒹굴대다가운명탓도지겨우니까문득입맛탓으로다이얼을돌렸다내입맛이없으니그어떤생이담겨도상관없다는듯내그릇에담긴생을눈여겨보지도않았다아무렴어때?근데……마음이고파지는것이다!(운명은어쩔수없지만입맛은어떻게해볼수있으니,그나마……?)

내 마음의 그릇이
우그러진 양푼이 꼴이라면
개밥 같은 생만 담길 뿐

생은 얼렁뚱땅 잘못 배달되지 않는다
입맛이 마음의 그릇을 만들고
마음의 그릇에 맞게 생이 담겨진다

햇빛의 숨결과 바람의 깃털로
내 마음의 그릇 빚고 싶네
아무리 퍼먹어도 질리지 않는
담백하고 정갈한 생 담고 싶네

얼마나 오랫동안

한때 절망이 내 삶의 전부였던 적이 있었다
그 절망의 내용조차 잊어버린 지금
나는 내 삶의 일부분도 알지 못한다
— 기형도 「10월」 중에서

얼마나 오랫동안
내 마음은
겨울의 십자가를 끌고 다녔던가

자신만의 가장 아름다운 빛을 내지르며
생의 절정으로 치닫는 나무들
절정에서 추락할 줄 알면서도
절정의 열반에 들기 위해
전력투구하는 나무들
죽음과 재생과 성장이
마치 그 열반을 위한 것이듯

봄을 여름을 가을을 살아 보기도 전에
겨울에 체포되었던 마음

수갑을 풀고, 얼마나 오랫동안
오체투지를 해야
저 나무들의 열반에 당도할까

사막, 벽, 혹은 벼랑

하루가 사막이었던 날은
하루의 끝에서 그녀는 우물을 그려본다
하루가 벽이었던 날은
하루의 끝에서 그녀는 창문을 그려본다
하루가 벼랑이었던 날은
하루의 끝에서 그녀는 길을 그려본다

그림 속 우물이나 창문 혹은 길이 그림 밖 햇살을 그리워하면 사막 저편으로 벽 뒤로 벼랑 아래로 그녀는 아무 노래나 접어 날린다. 우우우 무허가 건물 같았던 나를 기억해 줘! 그녀는 기억의 하수구로 흘러가는 生을 본다. 우우우 날 데려가 줘! 生은 사라진다. 반송되어진 노래 속으로

사막, 벽, 혹은 벼랑이었던
하루의 끝에서
그녀는 묵음으로 허물어진다
허물어진 폐허에

또 다른 사막, 벽, 혹은 벼랑이
뻔뻔하게 들어선다 빚쟁이처럼

허공은 입이 없다

천지 사방 허공뿐이니
파도나 피워대던 심심한 바다가
허공에게 말을 건다.
심심하지 않니? 바람이나 피우지 그래
그러나 허공은 농담할 입이 없다
입도 없고 문도 길도 없다
들어오고 싶으면 오고
나가고 싶으면 가도 된다는 텅 빈 표정뿐

아무에게도 하지 못한 말들이
새처럼 허공을 맴돌다가
허공 속으로 사라진다
그러나 허공은 싫다고 내뱉을 입이 없다
입도 없고 추스릴 마음도 없다
그러나 우주만물 다 껴안을 품은 있다
깡그리 다 껴안고도 널널할 허공은
그러나 입이 없다

허공이 웃는다

허공이 웃는다
어느 날은 빗줄기에 갇혔다가
어느 날은 떨어지는 꽃잎을 품었던 허공이
다시 빈 가슴 되어
허허허허허허허 웃는다
허공의 웃음이 햇빛의 건반을 눌러댄다
그 웃음과 빛의 멜로디로
천지만물이 빛난다

빈 가슴으로도
저렇듯 투명하게 웃을 수 있는
허공 속으로
첨벙! 뛰어들고 싶다
허공의 웃음 속을 헤엄치며 놀다가
웃는 허공으로 걸려 있고 싶다

염려마세요, 저의 신발은 질길 테니까

염려마세요, 저의 신발은 질길 테니까 이별의 키스 같은 건 맨하탄의 노래 가사로만 흥얼거리고 당신의 떠내려가는 뒷모습 정도면 충분한 걸요 무허가 건물 같은 당신의 옆얼굴, 참 오래 내 마음에 걸려 있었어요 당신이 무너지면 저의 젖은 신발, 기억의 장례식으로 가곤 했지요 핏기 없이 장례식을 떠나던 적막한 제 신발을 말려 주곤 했던 한 때의 싱싱한 바람의 노래

오늘, 바람이 조금 부네요 길 위의 나무들이 가늘게 흔들리며 그리움의 푸른 빛들을 햇빛 속에 풀어 놓아요, 보이세요? 온몸으로 퍼지는 흔들림의 잔물결, 흔들려야 할 때 흔들리며 흔들리는 숲처럼 당신을 건너가고 있는 저의 신발? 당신을 건너 얼마나 자주 당신들에게 문상 가야 할지 내 무덤 앞에 어떤 꽃을 들고 당신이 찾아 주실지 그런 생각의 잔물결들은 골방에서 수도 없이 들었다 놓은 찻잔 정도일 뿐

염려마세요, 지금 전 어떤 곡도 다 켤 수 있는 기분

인 걸요 그러나 아세요, 그 모든 즉흥곡들 당신의 변주곡에 불과하다는 걸? 얼마나 멀리 얼마나 오래 당신이라는 악기를 제 신발이 데리고 다닐지 당신에게 고백한 적 없지만 염려마세요, 저의 신발은 길 끝까지 춤의 스텝들을 잊지 않을 테니까

무언가, 무반주의

온몸이 아리고 아려도
맨몸으로 겨울바람을 껴안고
침묵의 뿌리에
지난 生의 노래를 묻어버린
겨울나무, 저 스스로 깊어져
다음 生의 노래에 가 닿을

무릎 꿇고 사느니 서서 죽으리라*
비장하게 노래하지 않아도
바람의 음계를 연주할 이파리 다 버렸어도
저 홀로 가슴 시린 노래로 얼어붙은
겨울나무, 저 불굴의 시

---

*곡목은 알 길 없는 독일 대중가요의 가사

허무의 새

그 어떤 아름다운 깃털의 허무의 새도
네 마음에 둥지 틀게 하지 마
그 둥지들, 네 마음에 무덤을 만들고
너를 무덤 위로 제멋대로 피어나는 잡초나
무덤가로 뿌려지는 소주로 만들지니

잠시라면, 그래 그래 잠시라면
기쁘게 네 마음의 가지를 내어 주렴
허무의 새가 물어 온 메시지는 쉬었다 갈 수 있게
그 메시지로 네 미망의 잔가지들 고요히 솎일 테니

어떤 허무주의자 · 1

이렇듯 고독에 따를 것이다.
아무도 나를 따라 오지 않는 고독에.
— 잉게보르크 바하만 『운디네 가다』 중에서

한 점 불빛도 손길도 없는 고독에 유배되어……누에의 시간들……정전된 희망……눈먼 生 앞으로 호출되는 세월……얼마나 더 어둠을 포식해야 토끼 똥 같은 웃음을 눌 수 있을까?……이렇듯 꿈틀대며 통 속에서 한통속이 되지 못하는 슬픔……기적이다! 정전된 희망의 스위치나 올렸다 내렸다 하며 빽빽한 유배를 공굴리는 반복의 천재.

나는 불활성 기체……흔적없이 사라져주리라. 숨구멍 없는 어둠 속을 요나처럼 희망적으로 헤엄치며 부활을 꿈꾸지도 않을지니 통이여, 나의 사라짐은 검은 니르바나 다시는 한통속이 되지 못한 슬픔으로 유배되지 않으리니 나를 놓아 다오, 희망의 썩은 밧줄이여!

그는 자신을 방문했던 고독한 슬픔을, 한통속의 축제에 초대받지 못했던 세월을, 火葬한다 그는 쓴다, 무심한 재 위에, 桶 밖 저 눈부시게 자유로운 햇살의 필체로, ***나는 無다!***

어떤 허무주의자 · 2

> 우린 아직도……여기에……홀로 있다……모든 것은 너무 느리고 너무 무겁고 너무 슬프다. 나도 곧 나이를 먹겠지. 그리고 결국……끝나게 될 것이다.
>
> — 레오 까라 감독의 영화 「Boy meets Girl」 중에서

너를 만나고 싶다
나는 늙어 간다
너를 만나고 싶다
한 번도 만난 적 없는 생의 불꽃이여

불에 뛰어드는 불나비의 절정
절정에서 연주되는 레퀴엠
생이 통째로 타오르는 불의 광시곡

분수의 고요한 비명의 절정
치솟는 죽음과 떨어지는 생 사이에서
황홀하게 피어나는 물의 꽃

너를 만나러 간다
느리고 무겁고 슬프게
너를 만나러 간다
생의 사막 끝에 피어 있을 죽음의 선인장이여

어떤 허무주의자 · 3

> 그러니 모두들 빛나는 곳으로 가라.
> 소멸의 자리가 화인처럼 찍혀서 언제든
> 새로운 불길로 타오를 수 있는 곳으로 가라.
> — 최수철 『불멸과 소멸』 중에서

生의 모든 표정을 너무 일찍 읽어버린 자는 불행하다
그 표정의 이면까지 읽어버린 자는 슬프다
그리고 모든 표정을 덮어버린 자는 지루하다

그의 독후감은 허무로 요약되고
허무는 그의 치명적인 강적이자 운명적인 단짝
단 하루도 허무와 헤어져 본 적 없어
그의 하루는 언제나 재로 남는다
재 위에 새겨지는 불멸의 상형문자
그의 밤들은 그 문자들을 해독하는 데 바쳐진다

이제 환멸에 대하여 침묵하련다

이제 환멸에 대하여 침묵하련다
마음의 시궁창을 떠다니며
슬픔으로 수챗구멍이라도 막히면
나의 생으로 범람해 오던
그 검은 환멸에 대하여
이제 나는 마음의 스위치를 내려 버리련다
생의 빛 모조리 휩쓸어 가버렸던 환멸의 홍수
나는 오래 폐허였다
그리고 나는 오래 환멸이었다

폐허를 허물고 다시 나를 지으련다
웃음의 심지를 돋우며
사랑의 정화제로 시궁창을 다독이며
마음의 배관공사 실하게 하고
환멸이었던 나를 다 흘려 보내련다

세월의 팔짱을 풀고

세월의 팔짱을 풀고
스포츠 카나 타고 쨍!하니 달려 봤으면
세월을 보기 좋게 따돌리고
길의 가슴 패이거나 말거나
그렇게 한번 미친 속도에 생을 맡겨 봤으면

세월의 팔짱을 풀고
바퀴에 납작 눌린 쥐새끼처럼 쫘악~ 뻗어 봤으면
세월 저 혼자 가라 하고
길의 무덤 위로 풀이 자라거나 말거나
그렇게 한번 죽음에 저당 잡혀 봤으면

3

블루스

기억하는가
언젠가 사막의 밤하늘 아래에서
우리가 사전을 뒤적이며
찾아보았던 블루, 그 푸르고도 우울한 단어
블루를 마시며 블루스를 추고 싶었던
사막의 그 깊고 푸른 밤을

모든 것은 다 지나간다 그 밤도 지나가고 사막도 지나간다 그런데 왜 갑자기 해가 멈춰버린 걸까? 망부석처럼 서 있는 블루들, 각자의 끊어진 길 앞에서 멈춘 심장을 견뎌야 하는!

밤이 밤을 건너 깊고 푸르러지면
사막이 사막을 건너 추억의 집으로 온다면
그 푸르고도 우울한 단어를 겹쳐
우리, 블루스를 출 수 있을까

세월이 왜 이리

세월이 왜 이리 휙휙,인가
아침밤월요일일요일초하루그믐
한 계절이 건너오나 싶으면
또 다른 계절로 몸 바꾸고
끊임없이 새로운 나이를 몸에 걸치고
세월의 시체를 등에 진 채
한없이 무거워져간다, 삶은!
어느 날은 무덤덤하게
어느 날은 지독한 슬픔으로 녹다운된 채
어느 날은 무늬를 알 수 없는 희망을 뜨개질하며
그러나 그 모든 느낌들,
더하고곱하고빼고나누어보면
쓸쓸함만 몫으로 남는 그런 세월들

(왜 이리 지루한 사방연속무늬인가
세월의 물결에 물풀처럼 춤추며
생의 뿌리를 깊게 내릴 수는 없나?)

이삭 펄만이 켜는 재즈곡, Why think about tomorrow?를 너덜해진 오늘 속으로 수혈한다 오늘은 오늘 터진 자리들만 꿰매고 내일의 해가 내일을 다 짐질 것이니! Why worry?

(세월에 대해 입 다물 순 없나?)

저녁에서 밤까지

죽은 하루를 감쌀 壽衣같은 저녁이 오면
몸을 따라다녔던 길은 집으로 가고
애초에 집이라곤 있어 본 적 없는 마음,
저녁길 위에 우두커니 장승처럼 서 있다

(길들을 지우며 점령군처럼 밀려드는 어둠)

어떤 불빛에게 길을 물어야 하나,
죽은 하루를 어디에 묻어야 하는지
어디에서 달맞이꽃들이 달빛차를 마시고 있는지
닫힌 나팔꽃들의 열쇠 같은 아침햇살은 누가 보관하고 있는지

(어둠에 체포된 마음, 입에 떼지지 않는다)

녹색 전언

지난 여름부터 죽은 줄 알고 내팽개쳐둔 알뿌리에서 죽음을 뚫고 올라온 녹색 傳言, *어떻게 봄인 줄 알고 세상에나*…… 기적 같은 봄의 신호에 놀라 겨울잠에서 깨어난 그녀의 캄캄한 눈에 고요하게 환하게 피어나는 눈물겹게 질긴 생명, *맘대로 끊을 수 없다는 거!*

그녀는하늘색물뿌리개를들고난생처음그녀에게방문한봄에게연애편지쓰듯물을준다녹색으로물이오른봄, 그녀의기다림을피워낸다그녀가슴속빈화분에도아름다운경악이피어날것만같다

도박

얼만큼 뒤집혀본 이들은 모두들 그러데,
삶은 도박이라고
고스톱처럼 아무도 뭐가 어떻게 뒤집어질지
모른다고, 모르니까 한 판 벌이는 거라고

그래재미로나도빠찡꼬라는걸해봤지난생처음여객선안에서10불을25센트짜리동전으로바꿔슬롯머신에넣어쫘악막대봉끌어당기는스릴,꽤괘앤찮더라가끔씩동전이소태걸린오줌줄기처럼쨀쨀쏟아져나오데센줄기는내몫이아니었던가봐혹시나,가동전을다잡아먹고설마,싶어다시10불을투자했댔지정말몇분어치스릴치고는너무비쌌지만어쩌겠어,마침내는빈손이믿을수없다는듯슬롯머신을멍청스러이들여다보데,크흐흐아무일없었다는듯시치미떼고입닦는검은손의세상,어쩌겠어이미쇼는끝났는데,우우손털고일어나밤바다나봤지,검푸른지중해!말이없데,깊은침묵의수면위로피어나는별빛들의手話,후훗아마몇억만년전의시였을거야

결국 빈손이라는 거……알면서도
한 줌 꿈꾸는 거, 그게 삶이라데
꿈꾸고 박살나고 꿈꾸다 울고 웃고
꿈 깨서 멍청! 허망!대다가
꿈중독증 환자처럼 다시 꿈! 그런 거라데
뭐, 어때? 결국은 꿈이래지 아마?

나, 너에게 내 일생을 걸까?
시여, 네가 나를 사랑하건 배반하건
겁내지 않고 신나게 한 판 벌여 볼까?
영양실조의 나의 삶, 시여
넌 나의 꿈을 튀밥처럼 튀겨
그나마 나를 먹여 살렸으니

너무 간단하게!

20년의 일생들이 너무 간단하게!
지상에서 사라졌다

운동장가를 떠나지 않으며
매일 하늘의 표정을 일궈 온 미루나무들,
깊이를 알 수 없는 거대한 침묵의 뿌리가
인근 학교 담장을 위협하고 있다는 항의에
중장비가 동원된 전기톱으로
한순간에 空으로 돌아가 버린
오랜 세월 아름다운 色으로 지상의 삶을 그려 갔던
기다림의 순수한 일생들

20년 동안 가지나 잎새로 무늬졌던 하늘이
순식간에 마음을 다 비운 표정으로 멍하니 걸려 있고
둥지 잃은 까치들은 다 어디로 갔나

空이 너무 간단해서
꿈결 같아지는 色

내 삶에 봄 오면

내 삶에 봄 오면
겨울잠에서 깨어난 내 삶의 껍질을 뚫고
기쁨아, 네가 기적처럼 파릇파릇 돋아났음 좋겠어
사랑아, 네가 봄꽃처럼 펑펑 피어났음 좋겠어
기다리지 않아도 사랑과 기쁨이 아 생명이
싱싱하게 달려오는 그 봄의 트랙에서
나도 봄의 주민으로 그 트랙을 밟고 싶어
싱싱한 봄비와 봄볕을 번갈아 들이키며
삶이 피어나는 순간 속으로 달려가고 싶어

내 삶에 봄 오면
삶은 나에게 마스터키를 건네줄 테지
그 열쇠로 내 속의 모든 문들을 열어볼 테야
내가 열리면 초록길이 마중 나오겠지
그 길 따라 내 삶의 모든 계절들 화창하게 오고 가겠지

비 오는 일요일

비 오는 일요일, 그녀는 그 곳에 누워 있었지
검푸른 구름 몸 풀면 그 먼 하늘로부터
좋아라, 지상으로 곤두박질하는 빗방울들
가슴 너른 나뭇잎 만나면
잠시 행복하게 온몸 구르며 노래 부르다
둥글게 지상으로 제 몸 누울 자리 펴는
추락의 가장 낮은 자리, 그녀는 누워 있었지

(문상와주시겠어요?
추락하는아름다움을위한진혼곡같은것,
혹시알고계세요?
연주해주시겠어요?)

누워 있었지, 외출용 갑옷 벗어 나무 위에 걸어 두고
투명한 빗방울 소리로 짠 수의 휘감은 채, 세기말적으로
누워 있었지(기질적인 가위눌림, 치유할 수 없?)

그녀의태몽이꽃상여나가는행렬이었대나어쨌대나(꽃상여타고지상에도착한生?)빗방울의추락이삶인지죽음인지그런몽상따윈이제좀끄시지바다에이르는강줄기위로뗏목이나하나띄우시든지저발랄한족속들처럼해수욕이나즐기시든지

추락하는 빗방울들의 짧은 겹침들
양파링 같은 인연의 동그라미들
대지의 가슴에 물무늬나 그리다 사라질 뿐
너무 짧아 눈물겨운, 정다운, 만남
그리곤 한없이 낮은 숨결로 고이는 비의 주검들

(햇빛만수혈하면걱정없나요?
햇빛의피톨들탬버린처럼뛰어다니면
머리카락풀어헤친비의주검들
지상에서의추억은흔적도없이
나비날개에실려가뿐하게날아오르나요,

어느날그토록황급히떠나왔던
검푸른구름의몸속으로?)

비 오 는 일 요 일 의 그 녀 속 으 로 어 떤 개 인 날
도 문 상 오 지 않 았 지

자그맣고 둥근 평화

뚫어진 창호지 사이로 새어나오는 순한 등빛처럼
등빛에 묻혀 나오는 방안의 자잘한 웃음소리처럼
그 웃음소리 닮은 안개꽃 흰 망울처럼
자그맣고 둥근 평화 속에
나, 새알처럼 얌전하게 담기고 싶네
자그맣고 둥근 평화, 까치집 같은

택시값없으면버스기다리고버스그냥통과해버리면걸어가고걸어가다지치면쉬어가고누에처럼쉬면서나비를꿈꾸는노래속에담길

자그맣고 둥근 평화,
내 맘속 투명한 물방울로 맺혀 있는
그대 웃음 같은

비로소 달을 보네

동이에 비친 달을 이고
집으로 가고 있었네

길은 모래더미 속으로 사라진 사막충처럼
어둠 속으로 미끄러져 꼬리를 감추고
배부른 어둠이 돌부리 되어 눈먼 발에 채였네
아흐, 발이 짓물렀네
동이의 물이 출렁이니 달도 따라 출렁였네
출렁출렁 얼씨구 춤이나 한 판 냅다 추자 싶어
팔이 허공으로 풀쩍 날아올랐네

동이가 어둠 속으로 퍽! 엎어져
물도 달도 쏟겨졌네

캬하하 비로소 온몸이 달을 보네!
캄캄한 마음에 달빛을 담네
달빛이 춤추고 달빛이 노래 부르네

달빛이 마음을 어루만지고
웃는 마음에 입 맞추네

달빛이 길이 되어 집으로 가고 있네
이미 집도 잠들어 버린 고요를 타고

가을편지

여기 서른셋의 가을에 닿아도
당신으로부터 낙엽 같은 엽신 한 장 날아오지 않고
가을은 당신에게 부쳐야 할 편지처럼 구구절절입니다
어떤 가을을 적어 당신께 보내 드릴까요

붉은 울음 번져가는 풍경들의 뜨거운 가슴 열어 보다가 마음 둘 곳 없어 서늘해진 서른셋의 가을, 제 울음에 겨워 온몸 단풍들어 공중의 빈 곳을 헤매 돌다 한 잎 시든 목마름으로 추락합니다 가장 낮은 자리에서 올려다본 속 깊은 가을하늘, 눈부십디다 울음이 자꾸 자꾸 붉어만 갑디다 걸인의 노래나 부르며 강물처럼 흘러 다니지도 눈먼 산처럼 돌아앉아 있지도 못한 채 서른셋의 가을은 짤막한 유서 같습니다

얼마나 붉은 그리움이
얼마나 타는 목마름이
당신에게로 가는 길의 등불일 수 있는지
이제는 답장해 주시겠어요?

연가

햇빛의 악보, 점자 읽기, 더디게, 그리움의 덩굴손 끝에 서늘하게 돋아나는, 상형문자, 애틋한, 섬과 섬, 구름다리, 사막의 별빛 같은, 생의 엔진, 온몸으로 밀려드는 해일, 혹은 마그마, 뜨거운 현기증, 그러나 서늘한 갈증

네 곁에서 달린다
그래, 너도 달리니?
그러나 우리는 만날 수 없는
정답게 나란히 놓인 두 개의 鐵路

곁눈질하던 마음 한 쪽들, 끝내 철로를 떠나, 햇빛의 악보 속으로 침몰하고 말아, 오래도록 잊혀지지 않을 햇빛의 찰랑임, 예감의 팔뚝 위에 그어지는 칼자국, 서로에게로 달려가는 미친 피, 비수 같은 햇빛의 파열, 그때 그 투명한 피의 크레센도로 울려퍼지던 발자국 소리, 먼 훗날 그 아름다운 악보 바래질 때에도 여전히 바하의 푸가처럼 황망히 마음의 건반 위를 뛰어다닐!

내 마음의 악보

오랜 기다림으로 깊은 그리움으로
내 마음의 악보를 완성했다
버려진 악기 같았던 세월을 조율하고
이제는 세월을 아름답게 연주할 수 있을 것 같아
내 마음의 악보를 따라 길을 나선다
삶의 노래로 삶의 춤으로
빛으로 사랑으로 가는 음악의 길을 나선다
음표처럼 가뿐한 발걸음으로
걸음마다 울리는 멜로디로 삶의 신비를 열며
그 신비에 가슴으로 감사하며
침묵의 집을 나서서 음악을 만나러 간다

그 어떤 고통과 슬픔도
부둥켜 춤추고 노래하게 하는 음악
모든 어둠들을 다 초대해도
흔쾌히 빛의 축제를 벌이는 음악

햇빛이 춤추는 하오

햇빛이 춤추는 하오
나도 마냥 분홍신 신고 춤추고 싶어
탱고지루박고고디스코블루스브레이크댄스, 아무거나
햇빛에 몸 실을 수 있는 거면, 오우케이!
탈춤사자춤아리랑살풀이승무, 아무거나
얼굴 벗고 마음 벗을 수 있는 거면
혼자 둘이 혹은 여럿, 아무려면 어때?
지상의 무게 깡그리 벗어 던지고
도취된 햇빛에게로 소풍 갈 수 있다면
쌈박하게, 가뿐하게, 신바람나게
햇빛의 무리들과 홍청망청
춤추고 싶어, 일상의 천진한 외출처럼

꺾여진 꽃

내 절정의 아름다움을 꺾어주신 당신
고마워요, 절정의 고통으로
당신에게 활짝 핀 나를 드릴 수 있는 기쁨
당신 生의 꽃병 속에서 죽어갈 수 있는 행복

절정의 고통과 기쁨 통째로
당신에게 드릴 수 있어서
나의 죽음은 당신의 눈길 속에서
겹겹이 사랑으로 황홀하게 피어납니다

4

문득 길 위에

제 생의 무게를 더는 견디지 못하고
담 밖으로 굴러 떨어진 모과
느닷없는 상처에서 흘러나오는
농익은 생의 향기가
죽음으로 은밀하게 스며 들어간다

문득 길 위에 던져지는 죽음

누가 내 상처의 향기로
한 순간이나마 위로 받을 것인가 누가
길 위에 버려진 나를 거두어 갈 것인가

날 묻어다오, 너의 가슴에!

사막을 건너는 법

사막의 어떤 식물은 잎으로부터의 물의 증발을 최대한 억제하기 위하여 잎이 극단적으로 작거나 퇴화되어 있다. 아니면 잎이 굵거나 단단해져 수분을 저장하는 기능을 획득하였다. 그 중에는 긴 뿌리를 뻗어 지하수를 찾아내는 능력을 지닌 식물도 있다.

—『Newton』 2003년 10월호

내 마음의 사막엔
눈물을 삼켜 눈물을 저장했다가
눈물로 뿌리의 갈증을 적셔 주는
눈물선인장이 싱싱하게 자라지
눈물은 사막을 건너는 일용할 양식
함부로 눈물을 펑펑 쏟아 냈다가는
사막의 태양을 견뎌낼 수 없지

(나의 가시는
눈물을 삼키는 빨대거나
눈물을 가두고 지키는 파수꾼!)

거리의 삽화 · 2
— 개미집

1

수소풍선처럼 가뿐하게 떠오른다면
자가용 바퀴처럼 매끈하게 굴러 간다면
(이 무슨 잠꼬대 같은 희망사항?)
거대한 리모컨에 조종되는 아침 출근길 위
도살장으로 끌려가는 가축처럼 무거운 내 마음의 바퀴
차라리 저 길 밖으로 폭포처럼 늘씬하게 뛰어내린다면

혹시나 소풍 가는 길, 어디 없을까?
휘익! 무거운 마음 한 바퀴 돌려
내 가여운 두 발 내려다보니,

아파트 보도블록, 사이, ,사이, ,
놀라워라! 눈 동그래진 두 발,
사이, ,사이, ,봉긋봉긋 솟은
꼭 무슨 소인국의 무덤 같은
막 돋기 시작한 젖망울 같은

첫 입맞춤을 위해 쫑긋 오므라뜨린 입술 같은
후훗, 앙증스럽게 창문까지 열어 놓은 개미집들!

2

밤새 안녕치 못했을 개미들이여, 너희는 시지프스 후예들? 하루가 솟고 허물어져 내리듯 하루살이 같은 너희 집들, 앞만 보며 헉헉 탱크처럼 무식하게 밀어붙이는 인간들의 발바닥에 으깨어진 두부처럼 뭉개지는 무허가 건물, 너희 몸뚱이 하나로 기어이 지켜내겠단 말이냐? 색즉시공 공즉시색, 해탈한 거냐, 눈이 멀었냐, 왜 하필 아파트 보도블록이냐! 갈 데 없는 철거민? 죽을 때까지 죽자 살자 집만 지어도 죽을 땐 집 한 채 변변찮을 너희, 보도블록 개미들이여!

3

나는 어떤 삶의 집 지으러 빈집 나서는가
나는 어떤 마음의 짓이겨진 집, 길에다 버려 두고

누추한 몸의 빈집으로 돌아오는가

오호, 그러나 아침마다 가만히 마음 열어 보면
신기하게 봉긋봉긋 솟아 있는 이쁜 개미집들
무표정한 마음의 보도블록, 사이,   ,사이

거리의 삽화 · 5
— 아침햇살 아래 몽유

아침햇살이 폭신하게 지상의 것들을 덮어주는 순한 시간, 어젯밤 슬픔에 기쁨에 취하지 않으면 견딜 수 없었던 익명의 구토물을 지나 몽유병 환자처럼 떠간다, 물먹은 솜뭉치 같은 얼굴 한 장, 환장하게 아름다운 아침햇살 아래 둥둥둥……왜 그 곳으로 가야 하는지 알지 못한 채 다만 엄청난 식욕의 태엽으로 움직이는 자동인형들 사이로 둥둥둥……아 슬픔을 모르는 것들, 어제 그 자리에 열합처럼 기어이 붙어 있고, 안녕? 랄랄라 안녕, 안녕? 모두들 참 대단해! 세끼 꼬박 챙겨먹고 나면 하루는 금방 똥으로 배설되고 어젯밤 꾸다 놓쳐 버린 꿈의 얼굴 따위 무슨 상관? 매일 똑같은 회로를 오락가락하면 그뿐, 끊겨진 꿈의 길로 나가 볼 틈이 없어, 우린, 도저히 틈이! 어제의 똥을 오늘도 반복해서 누고 수세식 변기는 언제나 레디 고, 정말 자동으로 잘 돌아가 우린, 아무 일 있거나 말거나 모두들 참 대단한 똥덩어리들! 어제 일어난 무슨 끔찍한 사건 때문에 밤새 한숨도 못 잔 듯 핏발선 눈 부릅뜬 신호등 어제 그 자리에 증인처럼 서 있고, 행복한 자가용들 거리의 독백 따윈 들을 틈도 없다는 듯 바쁘게 굴러가고, 잠시 멍하니 신호등의 눈알 쳐다보며 지루해 하는 자동인형들 사이로 물먹은 솜뭉치 같은 얼굴 한 장, 아침 햇살 아래, 참을 수 없이 메스껍다, 마치 고장난 신호등 앞에 생이 갇혀 버린 것처럼

공중의 길

푸른 바람의 투명한 결 따라
꽃씨들은 공중의 길, 떠난다
길 내려놓고 부챗살처럼 펴 보일
찰나의 매혹적인 사랑을 위해
정처 없이, 그러나 소풍처럼 들뜬 유랑
길 끝에서 까르르 피어날 꽃잎 머금은

꽃은 꽃씨들의 간이역
驛舍가 저물고 길이 공중에 나부끼면
꽃씨들은 來生을 기약하며 미련 없이
폐허를 날아오른다, 푸른 바람의 품에 안겨

정처 없는 윤회의 길 위에서
꽃의 천연색 추억이
공중의 길을 연등처럼 밝혀준다

나비처럼

가도 가도
그 길이 그 길인 것을
자꾸만 길을 나서는 몹쓸 그리움

가다가다 지치면
그리움의 몸피 가벼워지려나
투명하게 가벼워져
어느 날 나비처럼 팔랑 날아올라
공중의 길들과 한몸 될 수 있으려나
자취도 없는 길 위에서
출렁이는 꽃에 취해 봄꿈 한 바탕 꿔보려나
그 꿈 깨고 나야
그리움의 산 다 넘을 건가

며칠 집을 비운 사이

나 있을 땐 잠잠하다가
며칠 집을 비운 사이
화분 속 나팔꽃들, 빈집으로 소풍 왔다
그 누구의 눈길도 안아보지 못하고
저들끼리 나팔 불며 생의 축제 벌였다가
덩굴손 사이, 사이, 쭈그렁, 쭈그렁,
할망 젖처럼 말라붙은 나팔꽃들

아무렴, 어떤 눈길 땜에 피는 건 아니지
때가 되어 피고 때가 되어지는
고요한 일생들의 잔해가
며칠 집을 비운 사이
여윈 덩굴손 사이사이
오래 전하지 못한 사연들을 절절히 쓴 편지처럼
텅텅 빈 우편함 같은 나에게 부쳐져 있다

저 너머

저 너머로 떠나고 싶다는 마음이
일상의 말뚝에 매여있는 몸에
엉거주춤 걸터앉아 저 너머를 바라본다
저 너머로 떠나는 사람들
저 너머에서 날아오는 새들
저 너머로 사라지는 구름들

저 너머에도 저 너머의 마음은
저 너머의 일상의 말뚝에 매여있는 몸에
저 너머식으로 걸터앉아
바라볼까, 또 다른 저 너머를?

저 너머 저 너머 저 너머에도
언제나 수많은 저 너머들이 남아 있을까
아무리 다가가고 또 다가가도
수평선은 언제나 수평선으로 남아 있듯

집으로 가는 길

집으로 가는 길
매혹적인 불빛이 나의 허기를 불러 세웠네
허기는 불빛을 마시고 취하고 토했네
신기루의 얼굴을 한 허방,
내가 묻힐 꽃의 가슴인가 싶었네

다시 집으로 가는 길
허기는 속지 않고 불빛을 스쳐 지나갔네
헛! 빈혈이 앞을 가로막아 턱없이 널부러졌네

(불빛마저 귀가하고
길 위에서 헛헛한 허기는
매운 그리움으로 요기하네)

또다시 집으로 가는 길, 그리움이
허기의 말라빠진 등을 쓰다듬네
허기를 부르는 집의 따스한 목소리가
지팡이처럼 일어서서
어둠 쌓인 길을 다독이네

참 멀리도 왔네

참 멀리도 왔네
정답게 둘러앉은 밥상으로부터
공휴일 극장가나 유원지로부터
그렇고 그런 예의적인 자리로부터
참 멀리도 왔네
떠나려고 마음먹은 것도 아니건만
다시는 돌아가지 못할 만큼 떠내려 와서
이제는 어디로 가나, 싶다가도
물결 따라 가면 되지 뭐 걱정인가, 마음 뒤집네

참 멀리도 왔네
돛대도 없이, 나침반도 없이
누가 떠민 것도 아닌데
눈먼 세월 따라, 어쩌다가
아무도 가고 싶어하지 않는 곳까지

바이욘의 미소

언제나 빛의 핵심에 이르는 길은
멀고도 험한가?

앙코르와트! 사람들 고향 찾는 설날 떠난 길이었지만 좌회전 우회전 중앙선 하나 없이 그냥 심심하게 뻥 뚫려진 비포장도로는, 주저앉아도 좋다는 듯 엉거주춤한 나무집들과 버려져도 담담함을 간직한 들판과 황량함만을 머금은 하늘과 무심한 새들을 친구 삼아 태국과 캄보디아 국경선에서 네 시간이나 가난하게 펼쳐져 있었는데 참 이상한 건, 그 길이 고향길처럼 너무도 단순해서 정겨웠다는 것

(정겹게 덜컹대며, 얼쑤!
굳었던 마음들이 맛사지되고)

길이 마침내 당도한 돌의 사원에서
붓다처럼 반기는 바이욘의 미소
이끼 낀 세월을 뚫고 살아남은 최후의 미소를

천년만년 간직해야 할 불멸의 미소를
일순간에 나에게 부려놓는 큰 바위 얼굴

무심의 돌에 새겨진 그 고요한 미소가
무르익은 햇빛보다 눈부셔
헤아릴 수도 없지만 버리지도 못했던 업 같은
세속의 마음의 돌들 죄다 내려놓고
길 떠난 마음은 저절로 합장
모든 비참한 드라마들을 다 감상해주고도 남을
깊고 넓은 미소를 가슴에 담은 채

인도

1

인도의 뿌나에서 MG로드를 걷다가 비보다가 나에게 묻는다, MG가 무엇의 약자 게? 몰라. 마하트마 간디. 아하 인도는 인도구나! 릭샤와자전거오토바이버스자가용사람그리고매연이 잡채다발처럼 뒤엉키는 거리에서 우리 인도로 걸어가자, 그랬더니 비보다, 여기가 인돈데?

印度에는 모든 길이 人道?

거지와개와소와똥이 소품처럼 널려 있는 거리에서 내 속에 구겨져 있던 길은 느시렁느시렁 햇빛 속을 산책하며 바나나를 먹는다 이상하게 印度의 길들은 늘 하품이나 하며 조는 듯해도 천년이고 만년이고 늙지 않을 것만 같다 이상하다, 내 속의 늙은 길이 인도에 와서 춤추는 나뭇잎처럼 천진해지다니! 거지와 개와 소와 똥을 만나도 먹던 바나나를 내주고 싶어진다 印度의 人道가 내 속으로 길을 낸다

2

인도에서 나는
허공에 수염처럼 뿌리 늘어뜨린
늙은 보리수나무여도 좋으리
길에서 느긋하게 쉬다가
누가 내게 할로우? 하면
바람에 화답하듯 나도 할로우!

마침내 길이 노랠 부를까

내 지나온 길은 너무 좁다
칼에 베인 상처처럼 가느다란 선
그러나 내 지나온 길은
날 선 칼에 베인 상처처럼 깊다

누가 내 길 위로 꽃등 켜 주려는가
내 그러면 마침내 숨길 수 없는
석류의 붉은 노래 보여 주리라
터져 다물 줄 모르는 상처의 입술을

상처의 입술을 적셔주는
등빛의 힘으로
마침내 길이 노랠 부를까

한 사막을 건너고 나면

한 사막을 건너고 나면
그 사막은 그저, 거기, 아무렇지도 않게
걸려 있는 무심한 한 장의 풍경

그 사막에서의 눈물과 발자국은
또 다른 사막으로 가는 실크로드

언제나 내 생의 배경인 너, 불타는 사막이여
너의 수천의 얼굴과 목소리를 건네다오
나, 너를 배반하고 마침내 널 사랑할지니

안개, 갠지즈 2006

聖과 俗이 동거하던 갠지즈의 몸이
연처럼 하늘로 날아오르고
침묵으로 부풀어진 하늘에서
갠지즈의 영혼이 땅으로 흐른다
하늘과 갠지즈의 몸 · 영혼 사이로
피안으로 통하는 구멍처럼
하얀 태양이 무심히 걸려 있다
새 두 마리, 구멍 속으로 사라진다
나도……사라진다

5

늦은 밤 빗소리

늦은 밤 빗소리, 유행가처럼
네가 가고 내 가슴에 들어찬 유행가처럼
가슴을 치고 휘돌아가는 유행가처럼
들을 때마다 사무치는 유행가처럼
추억의 판 위로 젓가락 두드리네

통속적인 연애편지처럼
나, 늦은 밤 빗소리로
너의 잠속에 배달되었으면

보여줄까, 나의 불어터진 발가락?

그대 등 뒤의 길 오래 따라 가고 싶었네
얼음장 아래 물소리 같은 노래나 부르며
화랑화랑 가고 싶었네, 그대 가슴속 푸른 섬으로

그대 등 뒤의 길 문득 사라지고
그 길 따라 갔던 세월의 신발, 빗물에 젖어
나는 끊어진 길 위에서 오래 젖어 있었네
젖어 있었네, 한 세월

그대 메마른 손가락에게
보여줄까, 나의 불어터진 발가락?

낮은 속삭임

그냥 피어 있고 싶어
네 안에 가만히, 정물처럼
나를 꺼집어내는 불안한 손들을 잠재우고

(꽃병 속의 짧은 사랑
사랑의 절정은 죽음?)

여린 풀꽃들의 눈빛만큼만
네 안에 머무르고 싶어
네 안의 그 햇빛 환한 풀밭 좀 빌려 주겠니?

가끔 그런 때가

가끔 그런 때가 있다
오랫동안 울려댄 전화도 받지 않고
누군가 초인종을 눌러대도 응답하지 않고
가끔 그렇게, 죽은 체 하는 때가
세수도 않고 머리도 산발한 어둠이
가끔 그렇게, 실어증에 걸려버리는 때가

(어둠이 나를 포식하고 부른 배를 두드리며 침대에
드러누워 꿈을 꾼다 이스트 넣은 밀가루가 넉넉한
곡선의 빵으로 구워지기 위해 숙성 중인 것처럼)

가끔 그런 때엔
부재중인 나를 찾으러
어둠의 뱃속을 돌아다닌다
어둠의 똥구멍까지 도착하기 위해선
나는 소화가 잘 되어야 하고
길고 긴 어둠의 터널을 순하게 건너가야 한다
그나마 꿈을 켜 들면 좀 덜 지루해질까?

가끔 그런 때가 있다
어둠이 시원스레 나를
배설해 주길 기다리다 지치면
혼자 어둠을 폭식하는 때가

生, 무허가건물 같은

하루에도 몇 번씩 치욕의 전단지가
일상의 신문들 속에 끼여져 배달되어도
누추한 生은 그 정도의 치욕쯤은
읽어볼 필요도 없이 쓰레기통 속으로 골인한다
무허가건물처럼 언제 철거될지 모르는 生
치욕을 정독하고 치를 떨 여유가 없다
몸뚱이 하나 혹은 몇 밀고 가는 것만도 버거운 生
헌 옷처럼 거추장스러워 벗어 던지고 싶은 몸
그러나 몸은 기댈 곳 없는 마음의 聖所
한 냄비의 저녁이 끓고 마음의 등불 켜지면

무허가건물 같은 生, 기적 같다
이렇듯 허물어지지 않고
하루의 무사함을 베고 잠들 수 있음이
또 하루의 축복을 꿈꿀 수 있음이

요가

하루를 닫은 문을 열고
그녀는 요가의 길을 나서네
지상의 자궁으로 어둠이 깃들어
고요한 어둠의 분만이 시작될 때
그녀는 그녀의 어둠을 내다 버리러
고요히 저녁길 나서네

요가의 한 동작 한 동작이 지나갈 때마다 그녀의 어둠은 가벼워지네 그녀 몸 속의 벽을 허물고 마음의 피를 돌게 하는 고통, 살아 퍼덕이는 고통을 지불하면 생은 가뿐해지네 그녀는 물구나무서기를 하며 세상을 바라보네 태초에 한몸이었던 어둠과 빛, 그녀의 허물어진 집이 들판으로 넉넉하고 바람이 아무 생각 없이 들판을 산책하네 그녀는 산책하듯 생의 벌판을 가로질러 가기 위해 욕망의 짐들을 버리네 요가의 길 위에서 그녀는 그녀를 버리고 그녀에게로 가네

당신이 아니었던들

보고 싶단 말
당신이 아니었던들
그 말, 가슴 속 무덤 위에서나 피는
속삭임 같은 풀꽃인 줄 알았으리
당신이 아니었던들

보고 싶단 말, 그 말
가슴에 묻지 않았던들
그리워 날마다 사무치게 돋는 무덤의 풀들
바람의 발자국 소리만 들어도 온몸 흔들어댈 줄
풀들의 숨죽인 낮은 흔들림
허공에 새겨넣는 서러움의 문신일 줄
내 어찌 알았으리
당신이 아니었던들

보이지 않으므로 지울 수도 없는
서러움의 문신,

가슴 속 무덤 위에서나 뜨는 낮달 같은
보고 싶단 말,
당신이 아니었던들!

花樣年華

그 시절은 지나갔고…… 이제 남은 건 아무 것도 없다.

— 왕가위 감독의 영화 「화양연화」 중에서

총천연색의 느낌들이
폭죽처럼 터져 올라
아무리 깊은 어둠도
아름다운 풍경의 배경이 되었던
화양연화, 추억의 관 속에서
드라이플라워처럼 안간힘으로 버텨 보지만

이제 남아 있는 생의 내리막길엔
진빠진 일상의 마라톤뿐
그 어떤 신기루에 중독되지 않으면
마라톤은 끝장이다

화양연화를 식목할 수 없는 몸의 고비사막
아흐, 졸아든 부레처럼 숨이 차고
오르막길에서 욕망이 들이켰던 어둠은 치명적이다
그 어떤 아름다운 불꽃도 인화되지 않는다

러브 레터

묵은 슬픔과 결별하고
나는 비로소 세상에게 최초로
러브 레터를 쓴다.
나, 너와 함께 즐거이 칵테일되어
내 생의 술잔을 채우겠노라,고
인샬라!
나, 그 어떤 맛이든
기꺼이 그 술잔으로 축배를 들겠노라,고

세상이여,나,너를사랑한적없어
슬픔으로내주린생을배불렸으니
슬픔의변비로오래못박혔으니
너를뚫을수있는건사랑의묘약뿐
분꽃들이쪽쪽내미는진분홍입술
나,이제서야비로소
너의입술에내순결한입술을포갠다

추신 : **고요한 폭발!**

너를 읽다

당신이 심연을 들여다 보고 있을 때 심연 또한 당신을 들여다 본다.
— 니체

너를 읽다 보면 내가 읽힌다
(네 속에 그토록 무수한 내가?)

너의 스토리를 따라가다가 뻔한 기승전결에 잠깐 하품하는 사이, 너에게 이르는 행을 놓쳐 버리고 길을 잃는다. 행과 행 사이, 검은 심연, 무서운 고요, 아무리 들여다봐도 네가 떠오르지 않는다 혹은 무수한 네가 겹쳐져 읽을 수 없다(그 동안 읽었던 너,는 빙산 일각?)

혹은 너는 애초에 빈 페이지?
너를 읽는다는 건
나를 다시 쓴다는 것?

너를 덮고 너를 추억한다 꿈꾸는 길이 내 마음의 툰드라에 무지개처럼 뜬다 그 길 위에서 나의 시로 피어

나는 너, 빛깔과 향기에 취해 너를 열고 들어서면 내가 검은 강처럼 누워 있다

나의 시는
빈 페이지의 기다림
다시 너를 읽고 싶다

길, 그리고 집

길 속에 집이 있었네
나,라는 집
당신,이라는 집
세상,이라는 집

나,라는집에서두문불출하며곰팡이로피어있었거나
당신,이라는집앞을라일락향기처럼서성이던시절도있
었네이제세상,이라는집앞에서초인종을누르네

(길이,
무허가건물같은집들을들락거리며
일생의스토리를각색했네)

집을 떠나 길은 집으로 가네
태초의 자궁에서 풀어져 나올 때부터
길은 집으로 가고 있었네
몇 억겁의 윤회, 업처럼 들쳐업고

몸어둠에서 마음빛으로, 길의 어머니
그 피안의 환한 집으로 가고 가네, 길은

한때 나, 그게 사랑인 줄 알았네

너,라는 독감에 걸려
신열로 펄펄 끓으며
비몽사몽 잠꼬대와 헛소리
그게 사랑인 줄 알았네
나의 독감에 너도 전염되어
서로의 뜨거운 이마 짚어줄 줄 알았네

너,라는 술잔에
나를 쏟아 붓고
취할 때까지 마시는 거
그게 사랑인 줄 알았네
내가 취하면 너도 취해
서로의 취한 등 두드려줄 줄 알았네

신열과 취기의 미세한 눈금들이
사랑의 악보로 보이는 터무니없는 드라마,
다 보고 나면 싱겁지만 확 꺼버리지도 못하는
그게 사랑인 줄, 한때 나
그게 사랑인 줄 알았네

마음이 펌프질한다

한 바가지의 술을 부어 넣으며
마음이 펌프질한다
건배!건배!건배! 펌프질에 힘이 붙으면서
마음의 펌프에선 저 밑바닥으로부터
뭔가가 솟구친다
웃음이었다가 울음이었다가
노래였다가 시였다가 쓰레기였다가
춤이었다가 비틀거림이었다가 처박힘이었다가
기억이었다가 추억이었다가 어둠이었다가
사랑이었다가 상처이었다가
끈끈하고 물컹한 것들이 쏟아진다

마음은 결코 말라붙지 않는다
한 바가지의 술을 부어 펌프질하면
때로 예기치 못했던 솟구침에
뭐든 다 젖어버릴 수도 있다

마지막 비상구

끝,이라고 써 본다
벽에다, 손가락으로
끝은 이내 사라지고
그대 등 닮은 벽만 남는다

벽을 돌아누우며
끝,이라고 써 본다
허공에다, 눈짓으로
끝은 이내 사라지고
텅, 텅, 빈 마음 같은 허공만 남는다

다시 똑바로 누워
끝,이라고 써 본다
천장에다, 마음으로
끝은 이내 사라지고
끝,이라는 글자가 뽑혀지고 난 구멍 사이로
이제 막 돋아나는 푸른 별 한 포기!

사랑의 날개

우리는 수많은 생의 하늘을 날아왔지만
아직도 사랑의 날개는 완성하지 못했네
투명한 가슴 속 저 피안의 하늘로
그대와 함께 자유롭게 날아오를 사랑의 날개
우리의 눈물과 웃음의 따스한 깃털로
우리의 시와 음악의 투명한 깃털로
아름다운 사랑의 날개를 완성하기 위해
우리는 또 이승의 뻘밭을 기어다니네

아무리 사랑한다 말하여도
사랑의 날개는 돋아나지 않네
무욕으로 비상하는 새가 되지 않으면

가슴 속 푸른 종

미궁처럼 소음이 엉겨 있는 가슴 속
침묵이 청정한 소나무처럼 가부좌 튼 오지엔
가슴 속 새떼들을 한꺼번에 날아오르게 할
그 새떼들, 꽃밭 별밭 천지로 만들어 버릴
아름답고 푸른 종 하나 묻혀 있다네

그 종 캐내어 가슴 속에 걸어 두고
누가 그를 부르면
아름답고 푸른 종소리로 대답하는 자는
세상의 모든 침묵들을 초대할 수 있으리
그 침묵들 폭죽처럼 터지는 축제를 열 수 있으리

물의 사랑

말라 비틀어져 딱딱해진 비누, 아무리 비벼도 거품이 나질 않길래 따스한 물 속에 담가 두었다 물의 사랑으로 누그러진 비누는 눈에 고인 미소처럼 부드러워져 제 속에 감쳐 둔 사랑을 신나게 게워내었다

말라 비틀어지고 딱딱해진 마음
어느 가슴 속 눈물에 닿아야
한없이 따스하고 말랑말랑해져
제 속에 감춰 둔 웃음을 펑펑 피워 올릴까

추억

비 개인 어느 고요한 오후
나무 밑을 지나다가
비 그친 뒤 한 발 늦게
나뭇잎에서 툭! 떨어지는
눈물 같은 빗방울에
늙은 일생이 젖는다

김현옥

1963년 경북 영덕에서 태어났다.
경북대학교 인문대학 영어영문과, 동 대학원을 졸업하였고,
1994년《영남일보》신춘문예,
1997년《매일신문》신춘문예로 등단하다.
〈시 · 열림〉 동인으로 있다.

언더그라운드

초판 1쇄 펴낸 날 / 2008년 5월 30일

지은이 / 김 현 옥
펴낸이 / 박 진 환

펴낸곳 / 만인사
등록번호 / 1996년 4월 20일 제03-01-306호
주소 / (우)700-813 대구광역시 중구 대봉2동 743-7
전화 / (053)422-0550
팩스 / (053)426-9543
홈페이지 / www.maninsa.co.kr

ISBN 978-89-88915-88-2 03810

값 6,000원